Carte Geographique

de la

COUR,

ET

autres galanteries

Par

RABUTIN.

A COLOGNE.
Chez Pierre Marteau.
MDCLXVIII.

Carte Geographique

DE LA

COUR.

& autres pieces curieuses.

LE pays de Bragues a les Cornutes a l'Orient, le Ruffiens au couchant, les Garſentins au Médy & la Prudomaigne au ſeptentrion, le Pays eſt de fort grande eſtendue, & fort peuplé par les Colonies nouvelles qui s'y font tous les jours, la terre y eſt ſi mauvaiſe que quelque ſoing qu'on apporte a la Cultiver, elle eſt preſques tousjours ſterile, les peuples y ſont faineants, & ne ſongent qu'a leurs plaiſirs, quand ils veulent cultiver leurs terres, ils ſe ſervent de Ruffiens leurs Voyſins, qui ne ſont ſeparés que par la fameuſe Riviere de la Cárogne, la maniere

A

dont

dont ils traittent ceux qui ont servis,
est estrange, car apres les avoir fait
travailler nuit & jour des années en-
tieres, ils les renvoyent dans leurs
pays bien plus pauvres qu'ils n'en estoient sortis, & quoi que de temps
immemorial, l'on scache qu'ils en u-
sent de la sorte les Russiens ne s'en
corrigent point pour cela, & tous les
jours passant la Riviere, Vous Voyéz
aujourdhuy ces peuples dans la meilleure Intelligence du Monde le Commerce est establi parmy eux, & le
lendemain ils se voulent couper la
gorge, les Russiens menacent les Bragues de signer l'union avec les Cornutes Ennemis communs les Bragues
demandent une entreveue sachant que
les Russiens ont tousjours tort. quand
la paix se fait chacun s'embrasse, enfin
les peuples ne sauroient se passer les
uns des autres en façon du Monde,
dans le Pays des Bragues il y à plusieurs rivieres, les Principales sont la
Carogne, la Coquette & la Preticuse
qui

qui feparent les Bragues de la Prudomaigne, la fource de toutes ces Rivieres vient du Pays des Cornutes, la
plus groffe & la plus Marchande eft
la Carogne, qui va fe perdre avec les
autres dans la mer de Cocuage, les
meilleures Villes du Pays, font auffi
fur la Carogne, elle commence a porter le batteau.

Guerchy Ville affez grande baftie
a la moderne a demi lieu du grand
chemin mais la Riviere fe jettant tout
de Cofté la fappe enforte, que dans
peu, le grand chemin fera de paffer a
Guerchy il y à quelque temps, * que
c'eftoit une Ville de grand Commerce elle traffiquoit a Malthe & Lorraine, mais comme elle féft ruinée par
la Bancqueroutte que les gens du
Pays luy ont faites, elle traffique a
prefent en Caftille dont les † mar-
chands font de meilleure foy.

A 2   Plus

* *M. Le Commendeur de Malthe & le Che-
valier de Lorraine.*
† *Ianin de Caftille.*

Plus bas on rencontre un grand Bourg qu'on nomme ſourdis les maiſons chacun en deſtail y ſont fort belles & engros c'eſt le lieu du Monde le plus desagreable, cette terre eſt frontiere de l'Egliſe, ce qui eſt cauſe que la Ville eſt fort ruinée des gens de guerre, le Seigneur du lieu eſt abbé * Commandataire homme Illuſtre qui a paſſé, par tout les desgrez & qui a eſté long temps Archidiacre en plusjeurs Villes de cette Province.

† De la vous venéz a S. Loup petite Ville aſſéz forte, mais plus par l'infanterie qui la garde que par la force de ſes Remparts.

A trois lieux de la vous trouvez la Suze qui change fort ſeuvent § de gouverneurs & de Religion, le Peuple y aiment les belles lettres & particulierement la Poëſie.

Apres

* *L'Abbé Fouquet.*
† *Mr. de Candalle Colonel de l'Infanterie.*
§ *Mr. de Guiſe & de Malicorne.*

Apres cela vous avez pont ſur Carogne il y à eu long temps dans cette
place deux gouverneurs de fort differente condition, en meſme temps, &
qui cependant vivoient dans la meilleure intelligence du Monde la fon-
ction de l'un, † eſtoit de pouvoir à la
ſubſiſtance de la Ville, & celle de l'
autre au plaiſir, le premier y a preſque
ruinée ſa maiſon & l'autre à fort alte-
ré ſa ſanté cette place a eu du depuis
grand Commerce en Flandres elle
eſt maintenant une Republique.

A une lieu de cette Ville vous en trou-
verez une autre, que l'on nomme bɩI-
les, quoy que le Chaſteau n'eſtoit pas
foit élevé la Ville eſt neantmoins fort
belle ſi la Cimetrie y avoit eſté obſer-
veé, la nature en eſt ſi charmante que s'
auroit * eſté le plus beau lieu du Monde elle a eu pluſieurs Gouverneurs le
dernier eſt un homme de naiſſance,

A 3

pau-

† Mr. de Guiſes & de Maliccorne.
** Meſſieurs de Clerembaut Eſcuyer de Ma-*
dame.

pauvre mais de grande reputation , d'
autre part & qui en a beaucoup acquis
dans un autre place situéé sur la mesme
Riviere, cette Ville ayme fort son
Gouverneur, jusque la qu'ayant peu
de bien, comme il à elle engage tous
les jours ses droits pour le faire subsi-
ster honorablement.

* A demi lieu de la est Pommereuil
autres fois si celebre pour le sejour qui
a fait un Prince Ecclesiastique dans ce
temps la il y avoit une Evesché mais
l'Esveque se trouvant mal logé, le Sie-
ge Episcopal fut transferé a L'edi-
guiers.

l'Ediguieres est une ville asséz forte quoi que fort Commendé par une
Eminence elle est moitie Champetre,
& imprenable, elle a pourtant esté pri-
se & ruinée comme tout le monde
sçait aussi que la maniere dont elle fut
traitté par un hõme a qui elle s'estoit
                              ren-

† rendue, sous des conditions avanta-
geuses, mais voyant qu'il n'y auroit
point de foy parmy les gens d'Espée
elle se jetta entre le bras de son Es-
vesque qu'elle prit pour son Gouverneur.

* Prés de la entre la Coquete & la
Cárogne est la Ville d'Estamps ou
Vallancay qui est fort ancienne, & de
plus grosses du Pays c'est une place
fort salle & remplies de marais que
l'on dit estre fort infecté par la nature
du terroir qui est fort putride & tout
en friché presentement, la Ville estoit
belle en apparence, le peuples n'y e-
stoit pas fort blanc, mais la demeure
en a tousjours esté fort incommode a
cause de l'inconstance de ce peuple &
de son humeur querelleuse & fantas-
que avec le quel on n'a jamais peu †
prendre des mesures certaines, il y á
eu des gouverneurs sans nombre on y

A 4   ay-

aymoit fort les changement & la def-
penfe, celuy qui a efté le plus long
temps eft un vieux Satrape, homme
Illuftre qui mourut dans le gouvernement la Ville en fait les deuil conti-
nuel & de puis ce temps elle eft demeuré deferte & l'on n'y va prefque
plus en pelerinage, auffi-bien ne luy
refte il maintenant que de vieux Ve-
ftiges qui font remarquer que ça efté
autrefois une groffe ville.

La Ville de Biron a efté fort a-
greable mais le grand nombre de *
gouverneurs la ruinée, toutes les def-
fences en font abbatues depuis la premiere fois qu'elle fuft prife, c'eft aujourdhuy une place a prendre d'Em-
blayes, les aucunes en font affez belles, hormis du cofté dela Principale,
ou il á un bois de haute futage, falé &
Marecageux que le Gouverneur n'a
jamais voulu qu'on coupaft, j'appelle
Gouverneur celuy qui en á le nom car
l'ad-

* *L'abbé d'effiat.*

l'adminiſtration de la Ville depend
des tant de gens, que c'eſt a preſent
une Republique.

Savigny, dont la ſituation eſt ag-
greable, á eſté autre fois fort Marchande Montmaron proche parent de
Cornutes en fuſt Gouverneur, mais il
en fuſt chaſté par un cornut Engeuin
qui l'a gouvernée paiſſiblement le
quel partageoit le gouvernement avec
un autre * Comte Bourgignon.

La Ville d'Arcourt eſt de grande reputation il y á une Celebre uni-
verſité, la Guerre qu'elle á eue depuis
long temps avec un Prince des Cornutes la bien diminuée de ſa premiere
ſplendeur, c'eſt une ſcituation pareil-
le a celle de Biron le gouvernement
en eſt ſemblable & c'eſt un paſſage.

† La Ville Palatine eſt fort connue

A 5   il y

* *Le Comte du Buſſy.*
† *Meſſrs les Marchaux de Grammond & d'*
Albret qui pour avoir quelques Carnoſités le
ſondés avec des bougies.

il y á fort long temps qu'on y alloit en
devotion, chacun y portoit ſa chan-
delle on dit-que les Pellerins en reve-
noient plus mal quils eſtoient allés.
C'eſt une place qui change fort ſouvent de Gouverneurs, par çe qu'il faut
eſtre nuit & jour ſur les remparts &
l'on ne peut long temps fournir á cette fatigues celluy qui y * Commande
á preſent eſt un eſtranger & quoi que
les habitãs en paroiſſent fort ſatisfaits
la Ville, eſt de ſi grande, garde, que
les Gouverneurs eſtant obligé de demeurer nuit & jour ſur le rempart
vray ſemblablement il la quittera bien
toſt pour ne pouvoir pas fournir a cette fatigue on remarque une choſe en
cette Ville c'eſt que le peuple eſt ſub-
ject á une maladie qu'on appelle chau-
de Crache contre laquelle on ſe ſert
de gargariſmes.

Plus loing ſur la Carogne eſt la
Ville de Chèvreuſe qui eſt une grande place fort ancienne toute dela-
brée

* *Le Duc de Bouquinquant.*

brée dont les logements ſont tous de
* couverts , élle eſt neantmoins aſſéz
forte des dehors mais mal gardée de
deſdans, elle á eſté autrefois tres fameuſe, & fort marchande & á traffi-
qué en pluſieurs Royaumes, maintenant la Citadelle, eſt toute ruinée par
la quantité des Sieges qu'on y a faits
pour la prendre l'on dit qu'elle s'eſt
rendue ſouvent á diſcretion, le peuple y eſt d'une humeur fort incommode , † elle á eüe pluſieurs Gouverneurs, elle en eſt mal pourveue á preſent car celuy qui eſt en charge n'eſt
plus bon á Rien.

L'Iſle eſt une petite Ville dont la
Situation parut d'abord aſſéz avanta-
geuſe á cauſe qu'elle eſt au milieu de
la Carogne, mais cette Riviere eſtant
gayable de tous Coſtés en ‡ cet en-

A 6

droit

* *En Eſpagne Angleterre Paysbas ou elle*
ſ'eſt retirée pendant ſa diſgrace.

† *Le Comte de Laigre.*

‡ *C'et une Dame de Bretagne qui à paru au-*
trefois à la Cour.

droit la la Place n'eſt pas ſi forte, comme ſi elle eſtoit dans la plaine, ſi toſt
que vous en approchéz il vous vient
une ſenteur de chevaux morts ſi forte,
qu'il n'eſt pas poſſible d'y demeurer,
il n'y a perſonne qui y puiſſe coucher
plus d'une nuiƈt, encor la trouve on
bien longue auſſi le lieu s'en va bien
toſt devenir deſert.

Champré eſt une de plus groſſé
Ville du Pays, elle a plus de deux Lieux de tour, il y a une place au milieu
de la Ville de fort grande eſtendue,
elle eſt ſcituée dans un marais, qui ne
la rend pas pour cela plus inacceſſible,
car comme a fort bien remarqué le
Geographe de ce pays la, les habi-
tans de cette Ville qui ſont gens de
grand Commerce on fait pluſieurs le-
vées pour faire batir un pont par ou
on vient fort aiſement.

Arnaud eſt une Ville fort ſemblable a Champré tant pour l'aggree-
ment de ſa Place, que pour la Scitua-
tion

tion hors qu'elle eſt encor plus mar-
recageuſe , & tellement qu'il ne ſe
peut d'avantage , le Gouverneur á
grand ſoing de cette Place , car elle
luy vaut beaucoup il n'y fait pas un
pas qu'il ne ſoit payé & s'il avoit
mancqué une nuiĉt á coucher ſur le
Rempart le Lendemain il n'auroit
pas de quoy diſner , & le ſecond jour
il n'auroit pas de chemiſe , c'eſt le lieu
du Monde ou l'on fait mieux faire l'ex-
ercice; mais auſſi c'eſt le lieu ou on eſt
mieux payé.

De la vous venéz a Comminges
petite Ville, dont les maiſons * ſont
peintes au dehors, ce qui eſt cauſe que
cela paroiſt nouvellement baſti, & cependant elle eſt aſſéz ancienne , le
Gouverneur d'aujourdhuy eſt un vieux Satrape de Ruſſie, qui n'a le gouvernement que par Commiſſion , &
qui á cauſe de ſon aage eſt tousjours á
la Veille d'eſtre depoſſedé j'ay ouy dire

* *Le Mareſchal du Pleſſis.*

re á des perſonnes qui y ont eſté que
la principale porte de la Ville eſt ſi
proche d'une fauſſe porte qui con-
duit á un Cul des ac que bien ſouvent
l'on prend l'un pour l'autre.

A deux lieux de la vous rencontréz
le Tillet, grande Ville ouverte des tous
coſtés, le peuple y eſt groſſier le terroir gras & aſſéz beau, cependant on
remarque qu'un homme raiſonnable
ne peut y demeurer deux jours, mais
comme il y a plus de ſots que d'hon-
neſte gens, le lieu n'eſt jamais Vuide.

Prés de la vous avéz St. Germain
Beaupré c'eſt la que la Coquette ſe
joint á la Carogne, * c'eſt une Ville
fort agreable, le premier Gouverneur qu'elle euſt eſtoit du Pays des
Cornutes, il s'empara de ce gouvernement contre ſon gré il en fuſt pourveu
en titré d'office c'eſtoit un homme ex-
traordinaire, & tout á fait bizare en ſa
façon

* *C'eſt le Mary qui aime á contraire des*
femmes.

façon d'agir, d' abord il voulut chan-
ger le plus anciennes coutumes de la
Ville, & inventoit tousjours quelque
chose, entre autre il declarà un jour,
qu'il ne vouloit plus entrer que par la
fausse porte, & pour moy je croy,
que ce n'estoit point sans fondement
mais la Ville jugeant que si cela avoit
lieu elle perdroit tous les droicts affe-
ctés, au passage de la grande porte s'y
opposa avec tant de Vigueur qu'il ne
put parvenir á ce dessein, il fust aussi
long temps interdit de sa charge &
depuis meme qu'il á esté remis les
Gouverneurs ont fait toutes choses
dans la Ville par compassion.

Prés de la est la Grimaud, qui donne au Grimaudins, elle est scitué au
pied des Montagnes, c'est une Ville
fort salle á cause des torrents qui tom-
bĕt de toutes parts dans la Carogne en
cet endroit la, ce qui rend cette Riviere
si trouble qu'on diroit que ce n'est pas
la mesure qui est a deux lieux au de la
au mi-

au milieu de la Ville elle se cache sous
terre par un grand Canal que la nature a fait, qu'on appelle Vulgairement
le trou Grimauld elle ne sorte qu'a
deux de la, c'est à dire à l'endroit ou
elle entre dans la Pretieuse.

* A quatre lieux de la est Chastil-
lon grande & belle Ville par de hors
& mal batie au dedans, les Peuplé y
aiment l'argent, elle á esté si fort per-
secutée par deux princes qu'elle á esté
contrainte de se jetter entre le bras de
l'Eglise un Abbé Commendaire en à
eu le Gouvernement mais á esté
Chassé pour vouloir trop entre prendre sur le peuple de la Ville, maintenant il n'y en á plus car on le veut ob-
liger à servir nuict & jour & à payer
la despense.

La Vergne est une grande Ville
fort jolie & si Devote que † l' Arche-
vesque y à demeuré, le Duc de Bris-
sac

sac en demeura principal Gouverneur
le prelat ayant quitté.

De la vous venéz a Montaufier
grande Ville qui n'eſt pas fort belle
mais agreable, la Pretieuſe paſſe au
milieu qui eſt une Riviere de grande
reputation l'eau en eſt claire & nette
il n'y a lieu au monde ou la terre ſoit
mieux Cultivée.

Fienne eſt une grande Ville toute
de labrée qui n'eſt fameuſe que par la
Carogne qui paſſe au milieu le ſejour
en eſt desagreable tant pour ce que
les maiſons ſont anciennes & mal ſai-
tes, qu'il y á une odeur ſi mauvaiſe
que quelque Intereſt qu'on ait d'y demeurer on eſt contraint á la fin des
ſortir, pour conſerver la ſanté le Gouverneur eſtant un homme de peu de
credit á qui on a donné le Gouvernement par forme ſans l'intrigue des ha-
bitans & le Commerce qu'ils font a-
vec les Eſpagnols, cette Ville manc-
que-

queroit bien tost de subsistance.

A quatre lieux de cette Ville, vous en trouvéz une autre bien differente elle est sur la Pretieuse , c'est une Ville fort considerable pour la beauté de ses edifices, on l'appelle d'Olonne c'est un lieu fort passant on y donne le Couvert a tous ceux qui le demandent il y faut bien payer de sa personne, ou payer son giste.

Beauvais sur la Carogne est une petite Ville dans un fond , ou l'on ne voit le jour quá demi & dont les Bastimens sont tres desaggreables elle á eue neantmoins des gens, de tres grande condition pour Gouverneurs entre autres un Commandeur de Malthe qui a laissé d'une belle Infanterie on ne s'estonnèra point que des gens de naissances & de merite se soyent arrestés á un si meschant costé quand on scaura que çâ esté le principal Passage pour aller á la Ville de *Dom*

Anna, ou tout le commerce & traficq
de Pais se faisoit durant qu'on battis-
soit le fort L. depuis que ce fort est
entrée dans ses droicts la Ville de Beauvais n'a plus eüe de Gouverneurs
de marque mais de gens de basse E-
stoffe & incognus que la Ville y entretient, quoy quelle ne vaille plus la
despence ceux cy ont tousjours eu
soing de bien maintenir l'infanterie.

Guise est une Ville sur la Pretieuse asséz grande & ou il se trouve
des belles antiquités, * plusieurs
ont creu que cette place s'estoit gardée par ses forces mesmes, mais on
asseure qu'il y á eu un Gouverneur,
comme en tiltre d'office qu'on á tenu
caché à cause que ses merites, n'estoient point proportionnés a l'importan-
tance de la Place d'ou il à esté chassé
à cause qu'il ne visitoit plus que de
loing à loing la place d'armes, il y a-
voit laissé de l'Infanterie mais, à cause

* *Mr. de Montresor.*

se qu'elle estoit plus misible qu'utile
pour la conservation de la Ville elle
en à esté Chassée, & envoyée en Hol-
lande il y en à qui disent que la disgra-
ce de Gouverneur est plustost venue
de ce qu'il avoit plus d'attache pour
la Ville de Cheureuse.

    † Longille est sur la mesme Riviere
que Guise, est une grande Ville & asséz belle il y à eu quatre Gouverneurs
dont les uns estoient les premiers
Princes du Pays, les autres de plus
qualifiés Seigneurs apres ceux la, d'ou
on a failly a perdre sa place pour de
l'Infanterie qu'il y avoit jettée hors
de temps qui a fort endommagé la
Ville laquelle ‡ se gouverne à present
elle mesme, & s'est tellement forti-
fiée qu'il n'y a point dénnemis si fort
qui en osent faire l'attaque.

    † *Le Comte de Colligny.*
    ‡ *Messieurs de la Rochefaucault freres.*

F I N.

MAXIMES
d'AMOUR
PAR
RABUTIN.

Aimes, mais d'un amour couvert
Qui ne soit jamais sans mistere
Ce n'est pas l'amour qui nous perd
Mais la maniere de le faire
Si vous voulez rendre sensible
L'obiet, dont vous etez charmé
Pourveu que dans le Cœur, il n'aie
   rien d'Imprimé
La recepte en est infaillible,
Aimez, & vous serez aimé.
Sylvandre dans l'incertitude
Quelle il aimeroit mieux, la coquette,
   ou la prude
Et ne pouvant en fin se resoudre a
   choisir

Me

Me demanda qu'elle victoire
Seroit plus selon mon desir
Voulez vous , luy dy-ie me croire
La prude donne plus de gloire
La Coquette plus de plaisir

L'Hyperbole plaît aux amans.

Tout est siecle pour eux, ou bien est
    un moment
Et jamais au milieu leur calcul ne de-
    meure
Ils vont tous a l'extremité
Ils disent que leur bien ne dure qu'un
    quart d'heure
Et leur mal une eternité.

Pour les Dames.

Quand vous aimez passablement
On vous accuse de folie
Quand vous aimez infinement
Iris on en parle autrement
Le seul excez vous Justifie
Pour être une maitresse aimable
Il faut que vôtre feu s'augmenté nuit
    & jour.

Et

Et l'excez ailleurs condemnable
Eſt la meſure raiſonnable

Que l'on doit donner de l'amour.

Vous me dites que vôtre feu
Eſt aſſez grand, belle Climene
Vous ignorez donc inhumaine
Qu'en amour aſſez c'eſt trop peu
Ce pendant la choſe eſt certaine
Et ſi ſur ce chapitre on croit les plus
    ſenſez
Quand on n'aime pas trop, on n'aime
    pas aſſez
Une maitreſſe a ſon amant
Encor que quelques uns en palent au-
    trement
Doit de tous les Secrets un entier ſa-
    crifice
Et Lors qu'un de ſes amis ſait
Qu'elle a decouvert ſon ſecret
Il faut qu'il ſe faſſe Juſtice
Quand on ſe donne, on doit juger
Qu'on n'a plus rien a menager
Amans, qui prenez mes leçons
Ne vous donnez jamais, n'y crainte
    ny ſoupçons   On

On n'aime pas long temps, alors
    qu'on se defie
Mais si l'un de vous deux vous sem-
    bloit moins aimer
Quitez le plutôt la, que par la jalousie
    Vouloir se renflammer.
S'il arrive dans vos absences
Des Suiets d'eclaircissement
Amans faitez vos diligences
A vous eclaircir promtement
Mais si vous n'osez pas librement vous
    ecrire
Jusqu'a vôtre retour il faut la tout
    laisser
Plutôt que de ne pas tout dire
Et par la vous embarasser
A Lors qu'un commerce amoureux
Finit en fin avec Rudesse
Si l'amant du tems de ses feux
A fait des dons a sa maitresse
Il ne doit rien redemander
Ny la maitresse rien garder.
L'amant qui quitte sans raison
Doit le secret de sa maitresse
Elle aussi luy doit du poison,

Mais

Mais si c'est elle qui le laisse
Il peut tout dire & tout montrer
En un mot la deshonorer
C'est vouloir, pour en langue un peu
        commune
Prendre la lune avec les dens
Que de vouloir en méme tems
Faire l'amour & sa fortune
Car tout ce que l'amour peut faire
C'est de durer pour Iris, s'il est bien
        conduit
Mais bien que quelques uns, nous dí-
        fent le contraire
Qui le partage le detruit
Encor qu'il foit prefqu' impoffible
d'Etre d'un méme obiet toujours fort
        amoureux
Il faut pourtant, pour etre heureux
A Lors que l'on devient fenfible
Il faut, & c'est un grand fecours
De croire qu'on aimera toujours
Quand un Rival vous preffe
Et vous fait trop de mal
C'est contre une maitreffe
Qu'il faut étre brutal

Pour moy je veux en ma maitreſſe
La derniere delicateſſe
Je ſuis ſur ce ſujet de l'avis de l'eſſard
Et ce n'eſt pas aſſez, Tircis a mon
    egard
Qu'elle ſoit bien moriginéé
Je ne veux pas encor qu'elle ſoit ſoup
    connéé
Il faut qu'une maitreſſe honnéte
Ait pour étre ſelon mon cœur
De l'emportement téte a téte
Par tout ailleurs de la pudeur.
Que les apparences ſoient belles
Car on ne juge que par elles.
Qu'elle m'octroyera la derniere fa-
    veur
Autrement elle n'aura pas mon cœur
Et aprez avoir eu des faveurs de Carite
Par la force de mon merite
Si cette belle avoit beſoin
Ou de mon bien, ou de ma vie
Je n'aurois pas de plus grand ſoin
Que de contenter ſon envie
Les vrais amans ſont comme les char-
    treux

Car

Car tout eſt commun entr' eux
Vous devez a vôtre conduitte
Des Soins, qui me ſont ſuperflus
Quand on dit que j'aime Carite
Je vous gueris l'eſprit en ne la voyant
    plus
Mais quand on dit, que vous aimez
    Orante
Vous me montrez en vain, que vous
    étez ignorante
Si le monde n'en voit autrement
Je n'en dois pas étre content
Tant que ſans étre aimez, nous ne
    ſommes qu'amans
C'eſt a vous a ſouffrir mille & mille
    tourmens
Mais aprez que vôtre maitreſſe
A pris pour vous de la tendreſſe
Tous les ſoins doivent étre egaux
De méme que les bien en partage les
    maux
Je ſuis ſurpris je le confeſſe
A lors que je voy quelque amant
S'appliquer auſſy fortement
A ſes Chevaux qu'a ſa maitreſſe

B 2   Et

Et les aimer egalement
On eſt bien ridicule, alors qu'on ſe
	propoſe
D'avoir le jeu, l'amour, & la guerre
	en eſprit
Je ſçay bien qu'en aimant, il faut faire
	autre choſe
Mais tout, hormis l'amour, par ma-
	niere d'aquit
A ſon amant accorder ſa Requéte
Eſt une choſe fort honnéte
Mais pour augmenter ſon plaiſir
Il faut ſouvent le prevenir
Car je ſoutiens devant toute la terre
Que l'on ne ſe fait point valoir
En amour, non plus qu'a la guerre
Quand on ne fait que ſon devoir
A lors que vous vous parlerez
Dans tout ce que vous vous direz
Amant pas un mot de rudeſſe
Ny dans vôtre ton point d'aigreur
L'amour ſubſiſte par adreſſe
L'amour s'entretient par douceur
Si vous voulez, Iris, que vôtre af-
	faire dure

Ne vous relâchez point dans la prof-
 perité
Et pour amuſer la pâture
Qui ſe plait a la nouveauté
Recommencez toujours juſques aux
 bagatelles
En avoir c'eſt la verité
Les recommencemens valent choſes
 nouvelles
Je ne dy pas, Iris, qu'un amant delicat
Rompe avec ſa maitreſſe, & meme a-
 vec eclat
Lors que pour ſon Rival ſans ceſſe
 l'on ſoupire
Mais lors qu'un grand amour a bien
 ſurpris un cœur
L'air bruſque luy deplait, & les eclâs
 de rire
Et ſon veritable air c'eſt celuy de lan-
 gueur
Tous les temperamens ſont propres
 a l'amour
Mais en verité les uns plus que les au-
 tres
Amans pleins de langueur ne changez

pas les vôtres
Avec les gens de feu vous perdriez au
   retour
De ceux cy la Chaleur a plus de vio-
   lence
Mais d'ordinaire ils ont moins de per-
   severance
Et quand ils aimeroient auſſy fidelle-
   ment
Ils font auſſy l'amour moins agrea-
   blement
Si bien que ne pouvant prendre une
   autre nature
S'ils font bien ils prendront on de
   certains momens
De la langueur au mains le ton eſt la
   figure
A lors que Téte à Téte ils feront les
   amans
Une honnéte maitreſſe, & qui tâche
   deplaire
Eſt fur toute choſe ſincere
Elle craint plus lors qu'elle ment
D'étre elle méme ſa partie
Que de déplaire a ſon amant

S'il

S'il la prenet en menterie
Qui ment a ce qu'on aime, est fort
    mal a son aise
S'il n'a point a l'honneur encor tour-
    né le dos
Les vrais amans qui font chose mal a
    propos
Sont suiet a la tendresse
Aussy bien que les vrais devots
Une honnéte maitresse àime sa verité
Et prend toujours plaisir a la sincerité
Mais si pour s'excuser auprez de ce
    qu'elle aime
Elle parle une fois moins veritable-
    ment
Elle craint plus en ce moment
Ce qu'elle se dit en soy méme
Que ce que luy dit son amant
Je suis contre le sentiment
Qu'on ne voit point de sage amant
On peut fort bien, a lors qu'on aime
Avoir encor de la raison
Mais a lors qu'en tous lieux, & en
    toutes saisons
La prudence est extreme

L'amour n'eſt pas de méme
La longue abſence en amour ne vaut
   rien
Mais ſi tu veux . que ton feu ſe terniſſe
Il faut ſe voir , & quitter par repriſe
Un peu d'abſence fait grand bien.

Sur la Recherche
DE LA NOBLESSE

Par Rabutin.

Depuis ſix moins , l'on ne voit
   que nobleſſe
  Le long de ces chemins
Chargez de ſacs, & remuant ſans ceſſe
  Tous leurs vieux parchemins
Diſant voicy de quoy vous montrer
  comme
  Je ſuis gentilhomme moy , je ſuis
  gentilhomme.

Mais l'on n'a pas achevé de produire
  Qu'un Commis bouſſeau
Dit auſſitôt ne cherchant qu'a leur-
  nuire

Je m'infcriray en faux
De ces contrâs la groffe je rebutte
J'en veux la minute moy , j'en veux la
minute .

Vous demandez une chofe incivile
Dit le noble afnié
Car fi les rats d'un papier fi fragile
Ont fait leur déjeuné
Ou fi le feu les a reduit en cendre
Ou les puy-je prendre moy , ou les
puy je prendre.

Ce n'eft pas la , répond un de ces dro
les
Les pieces qu'il nous faut
Produifez nous bõ nombre depiftoles
D'or qui ne foit pas faux
Et je vous feray , me donnant bonne
fomme
Ancien gentilhomme moy , ancien
gentilhomme.

Si vous voulez donner une remife
Je vous fatisferay
Et vendray plu-tôt jufqu' a la chemife

Ou j'én aporteray
Quoy que je n'ay commis de deroge-
ance
J'aime l'affurance moy , j'aime l'affurance

Lors ce Commis entendant ces pro-
meffes
D'un ton un peu plus doux
Vous pafferez , leur dit il a la preffe
Et j'auray foin de vous
Et fuffiez vous vilain de cent dix races
Je vous feray grace moy , je vous fe-
ray grace.

Sire áprouvez s'il vous plait nôtre
zele
Par un arriere ban
Envoyez nous contre les Infidelles
Qui portent le Turban
Nous craindrons moins deux mille
Janiffaires
Que deux Commiffaires nous , que
deux Commiffaires.

Quoy

Quoy que je fois de fort baſſe naiſſan-
ce
   L'on m'apelle baron
Mais ce n'eſt pas de ces anciens de
France
   L'on connoit bien mon nom
Fort Incertain du côté de mon pere
Je tiens de ma mere moy, je tiens de
ma mere.

F I N.

B 6   EPI

EPIGRAME.

Ay Recherché pendant tout un
   hiver
  Une Felix inexorable
Mais amy je me donne au diable
Si jamais j'enay pû trouver
Comme s'il étoit defendu
Ou que la chose fût infame
On ne trouve plus de femme
Qui refuse un homme assidu
Il n'est donc point de chasse en Ville
Direz vous s'il en est dix mille
Que fait donc la femme de bien
Je vay vous le faire comprendre
Elle ne donne jamais rien
Mais elle laisse toujours prendre

Reproches aux Dames.

SONNET.

Vous qui pouvez tout vaincre & n'é-
   tez que foiblesse
Peché de la nature adorable a vos
   yeux   Ai-

Aimables ennemis, poison delicieux
Tirans dont le joug plait d'autant plus
    qu'il nous blesse.

Obiet par qui la Terre assuietit les
    cieux
Sources de nos plaisirs, comme de
    nos Tristesses
Dont le charmant orgueil a malgré
    les déesses
Fait gemir dans ses fers, le plus puis-
    sant des dieux.

Delices de nos cœurs, paradis de nos
    sens
Sexe, qui tous les jours braue les con-
    querans
Par des trais enchantez t'en fais ren-
    dre le maitre.

Escüeils contre les quels il est doux
    de perir
Femmes pour une fois que vous nous
    faites naitre
Helas combien de fois nous faites
    vous mourir.

SON-

SONNET.

Pour étre mis sur le Tombeau de Madame La Princeſſe de Turenne.

Cy git la plus Illuſtre & plus in-
    comparable
De celles, qui jamais ſoûmirent la
    grandeur
Au Triomphe ſanglant du glorieux
    Sauveur
Qui ſur tous les treſors. luy parut eſti-
    mable.

Elle eût en ſon Heros tout le bien de-
    ſirable
Rien du monde, que luy, n'en a tou-
    ché ſon cœur
Qu'elle eût comme le ſien incapable
    de peur
Pour tout ce que la mort a deplus eſ-
    froyable.

Elle eût peu de repos, de Joye & de
    ſanté
                    Elle

Elle fut tout efprit, & toute charité
Pieufe, humble, modefte, & fage fans
    feconde.

Le doux Raviffement qui la vient fe-
    courir
Puis que des fi long temps elle étoit
    morte au monde
C'eft revivre pour elle, ou d'autres
    vont mourir.

Autre Sonnet.

Ou l' Adieu de
La France a Madlle de Nemours
Ducheffe d'Aumale, fur fon
Mariage avec le Roy de Portugal.

Admirable princeffe, & la mieux
    acheveé
Dont cet heureux pays fe vit j'a mais
    orné
Je me repens prefque de l'avoir trop
    donné
Puifque c'eft pour cela, que tu m'es
    enlevée.   Com-

Comment sans te pleurer étre de toy
    privéé
Toy qu'avec cet esprit le mieux illu-
    miné
Ce cœur le plus Royal & le mieux co-
    ronné
J'avois si cherement en mon sein éle-
    vée.

Mais va pour subjuguer l'ennemy de
    la croix
Faire du Portugal un vray portaux
    gaulois
Gaigne moy ce grand cœur du Prince
    qui t'adore.

Quel secours en tes yeux n'aura t'il
    point de moy
Va donner au levant une nouvelle au-
    rore
Et que mes lys par tout fleuriſſent a-
    vec foy.

A U

AU DUC
CHARLES de LORRAINE.

SONNET.

Une Fille d' Apoticaire
d' Humeur galante a ſçu vous
   plaire,
Mais, Vieux Duc, on ne ſçait com-
   ment
Pour l'elever en Souveraine
Vous n'avez pris qu'un lavement
Qui vous fait rendre la Lorraine.

Chez vous, Grand Duc, l'amour fait
   rage
Il mal traite voſtre courage,
Et n'entreprend rien qu'a demy,
Vous en vouliez a Marie Anne
Mais elle hait comme Suſanne
Ce qu'on donne a la Saint Remy.

Aller de nuit pour la ſurprendre,
Briſer la porte, & ne rien prendre
N'eſt ce pas tout faire a demy,

Hony

Hony soit il, qui mal y pense
Mais pour loger voftre Excellence,
N'attendez pas la Saint Remy.

AUTRE

Par Son Alteffe Royalle de Savoye,

A Madamoifelle de Valois.

Ce que tu dis, chacun le fçait,
L'amour François eft adorable,
Et tout ce que j'ay vû d'aymable
N'en eft qu'un crayon imparfait.

Elle n'a pas un petit trait,
Que l'Art ne juge inimitable,
Le ciel n'a rien fait de femblable,
Mais je n'en ay que le Pourtrait.

Loing d'elle mon impatience
Dans cette longue & dure abfence
Me fait fouffrir mille douleurs.

Amour ! allez dire a ma belle,

Qui je languis , que je me meurs !
Mais ne revenez pas sans elle.

LE
TOUT EN TOUT.
DU TEMPS.

Le Roy enfans ignore tout
La Reyne Regente donne tout
Le petit Duc d'Anjou sçait tout
La Reyne d'Angleterre pleure tout
Le Duc d'Orleans joüe tout,
Madame prie Dieu par tout
Mademoiselle est triste de tout
La Princesse Doüagiere preste tout
Madame la Princesse souffre tout
Le Prince de Conde prend tout
Le Duc de Vendosme espere tout
Le Duc de Mercœur voit tout
Beaufort se defie de tout
Longueville prevoit tout
Messieurs de Guise attendent tout
Le Duc d'Elbeuf paye tout
Le Comte d'Harcour suit tout

Le

Le Duc d'Angoulesme rit de tout
Celuy de Montbazon va par tout
Pendant que sa femme fait tout
Le Cardinal enleve tout
Monsieur Fouquet gâte tout
Le Chancelier sêlle tout
De Genegaud signe tout
Monsieur Tubœuf controlle tout
Monsieur de la Valette justifie tout
Les Courtisans admirent tout
Les Jansenistes blasment tout
Leur Contestateurs approuvent tout
Les Predicateurs deguisent tout
L'Espagnol se prevaut de tout,
Les Hugenots rient de tout
Les Partysans demandent tout
Apres avoir Pillé par tout
Et ne rendront pas si tost tout
Le Parlement verifie tout
Le premier President releve tout
Et l'on l'accuse de tout
Quoy qu'il ne fasse pas tout
De Bruxelles a brouillé tout.
Le peuple de Paris crie de tout
Le Courier fait mention de tout

Les

Les Eſtrangers eſcrivent tout
On n'a pas pû aller par tout,
Les Fanfarons terraſſent tout
La Riviere a amené tout
Le Prevoſt de marchans pille tout
Les Eſchevins retranchent tout
d' Aubry preſte la main a *tout*
Et criminel corrompe tout,
Les Commiſſaires depouillent tout
Les Marchants conſerve tout
Les Chicaneurs ne font rien de tout
Et les armuriers vendent tout
Les moines prient Dieu pour tout
Les gens de guerre volent tout
Poux & Punaiſes manchent tout
Les morpions s'attachent par tout
Les Poëtes parlent de tout
Quoy qu'ils ne gaignent rien de tout
Les Artiſans ont quitté tout
Enfin c'eſt Feſte par tout
Et le temps a conſommé tout
Tout va par tout, tout eſt par tout,
Et tout le monde agit par tout,
Les pauvres François ſouffrent tout
Et a la fin ils perdront tout

Si Dieu ne met la main a tout,
Le grand Diable emportera tout.

F I N.

LES PRIERES

DE ROME.

Pour calmer la Justice colere
De Louis ce grand Dieu donné,
Toute l'Eglise est en priëre,
Et desia cette Sainte Mere
Pour adoucir son Fils aisné
A dit tout son *Domine né*,
Les moines en ont pris la haire,
Toutes les Cloches ont sonné
Et le Frere a dit a son Frere
Orate Fratres, *Oraté*
Car le Seigneur est irrité :
L'on ne quitte point le Breviaire
Chacun chante *Miserere*,
Mais le Seigneur in furore
Dit a cela *lere lan lere*
Et sur l'Evangile a juré
Que pour n'avoir pas reparé

Cet

Cet attentat si temeraire
L'on en payera la folle en chere,
Et que son honneur malmené
Fera dire a maint pauvre haire
Au bout d'un bois patibulaire
In manus tuas Domine !
Tout le peuple en a souspiré,
Un Cardinal en a pleuré,
Et mesme a dit que le Saint Pere
En porte au cœur douleur amere,
Mais quoy qu'il en puisse deplaire
A ce grand *Triple Couronné*,
Le plus facheux de cette affaire
Est le pauvre deffunt libraire,
Et le beau page assassiné :
Si cet Assassin furieux
Pensant massacrer la plus belle
Et la plus charmante mortelle
Qui soit aujourdhuy souz le cieux
A pris son beau page pour elle
Ce n'est pas qu'il n'eut de bons yeux,
C'est qu'il eust faute de cervelle
Et qu'il crût faire pour le mieux,
Prenant comme on fait en ces lieux
Le masle au lieu de la femelle.

A U-

A U T R E.

Je m'eftonne fort que Crequy
  Ait eu des demelez dans Rome,
  Car je ne connois aucun homme
Qui foit plus capable que luy
De vivre en cette Sainte Terre,
L'on dit qu'il n'aime pas la guerre,
Mais pluftoft les plaifirs Romains
Et lors que je le voy aux mains
Avec les Peuples d'Italie
Je dis, o la belle action !
L'amour qu'il a pour fa patrie
Force fon inclination.

D I F F E R E N C E

des

C I N Q N A T I O N S.

A Scavoir.   L'Allemande.
    l'Angloife, la Françoife,
    l'Italienne, & l'Efpagnole.
      En Confeil.
    l'Allemand.   Tardif.
                    l'An·

l' Anglois	irresolu.
Le François	precipitant.
l' Italien	subtil.
l' Espagnol.	cauteleux.

EN FOY.

l' Allemand	fidel.
l' Anglois	defiant.
Le François	leger.
l' Italien	avantageux.
l' Espagnol	Trompeur.

EN AFFECTION.

l'Allemand	ne sçait pas aymer.
l'Anglois	en peu de lieux.
Le François	ayme par tout
l' Italien	sçait comme il faut,
l' Espagnol	ayme bien.

EN CORPS.

l' Allemand	grand & gros,
l' Anglois	de belle taille,
Le François	de bonne mine,
l' Italien	mediocre & gentil,
l' Espagnol	effroyable.

C   EN

EN HABITS.

L' Allemand   pauvre,
L' Anglois   superbe,
Le François   changeant,
l' Italien   lugubre,
l' Espagnol   modeste.

EN HUMEURS.

L' Allemand   inegal,
L' Anglois   altier,
Le François   inegal & gausseur,
l' Italien   plaisant,
l' Espagnol   grave.

EN COURAGE.

L' Allemand   comme un Ours,
L' Anglois   comme un Lion,
Le François   comme un Aigle,
l' Italien   comme un Renard,
l' Espagnol   comme un Elephant.

EN BEAUTE.

L' Allemand   comme une statuë,
L' Anglois   comme un Ange,
Le François   comme un homme,
l'Ita-

| l'Italien | comme il veut, |
| l'Eſpagnol | comme un diable. |

EN SCAVOIR.

L' Allemand	comme un pedent
L' Anglois	comme un Filoſofe
Le François	ſait de tout un peu
l'Italien	comme un docteur
l' Eſpagnol	profond.

EN SECRETS.

L' Allemand oublie ce qu'on luy dit,
L' Anglos tait ce qu'il ſaut dire, &
   dit ce qu'il ſaut taire,
Le François evente tout,
l' Italien ne dit mot,
l'Eſpagnol eſt fort ſecret.

En injures & bien fais.

L' Allemand ne fait ny bien ny mal,
L' Anglois aime & fait mal,
Le François oublie le mal & le bien
   qu'il fait & qu'on luy fait,
l'Italien eſt promt & vindicatif,
l'Eſpagnol recompenſe le bien & le
   mal.

EN REPAS.

L' Allemand yurogne,
L' Anglois gourmand,
Le François delicat,
l'Italien sobre,
l'Espagnol chiche.

EN PARLER.

L' Allemand hurle,
L' Anglois pleure,
Le François chante,
l' Italien joüe la farce,
Et l'Espagnol parle.

EN PLUME.

L' Allemand parle peu , & écrit beaucoup.
L' Anglois parle mal, & écrit bien.
Le François parle bien, & écrit mal.
l' Italien parle bien, écrit bien mais
beaucoup.
l'Espagnol parle peu, écrit peu mais
bien.

EN FAÇON.

L'Allemand rarement a bonne mine,
Le

L' Anglois a la mine, ny d'un fol n'y
 d'un ſage,
Le François a la mine d'un etourdy &
 il l'eſt en effet.
l'Italien a la mine d'un ſage, & eſt fol.
l'Eſpagnol a la mine d'un fol & il eſt
 ſage.

EN LOIX.

L' Allemand a des loix telles qu'elles
L' Anglois a de mauvaiſes loix, & les
 obſerve ſoigneuſement,
Le François a de bonnes loix, & les
 obſerve mal.
l'Italien a de belles loix, & les obſerve
 bien,
l'Eſpagnol a de belles loix, & les obſerve ſeverement.

EN RELIGION.

L' Allemand irreligieux,
L' Anglois devot,
Le François zelé,
l'Italien ceremonieux,
l'Eſpagnol Bigot.

C 3   DES

DES FEMMES.

En Allemagne menageres,
En Angleterre Reynes,
En France dames,
En Italie prisonnieres,
En Espagne esclaves.

DES MARIS.

En Allemagne maitres,
En Angleterre valets,
En France Compagnons,
En Italie geolliers,
En Espagne Tyrans.

DES SERVITEURS.

En Allemagne Compagnons,
En Angleterre Esclaves,
En France maitres,
En Italie respectueux,
En Espagne suiets.

EN MAGNIFICENCE.

Les Allemans en des forteresses,
Les Anglois en navires,

Les.

Les François en leur Cour,
Les Italiens en leurs Eglises,
Les Espagnols en leurs armes.

EN MALADIE.

Les Allemans ont les gouttes,
Les Anglois   les loups,
Les François   la verolle,
Les Italiens la peste,
Les Espagnols les écrouelles.

F I N.

        L'A-

L'Amour sans Esperance

ELEGIE

PAR

Monsr. le Comte de Guiche.

AMour unique autheur de ma fla-
me infensée
Regarde ou ton audace éleve ma pen-
sée,
Le ciel a fait Iris du Sang de demy
Dieux
Et joint l'esclat du trofne á celuy de
fes yeux ,
Elle a de tous les deux le charme & la
puiffance,
Et fon cœur eft Royal, ainfy que fa
naiffance,
Helas ! que de malheurs dans mes de-
firs ardens
Se prefentent en foule á mes feux im-
prudens,

Tu

Tu me conduis amour, mais pour ſau-
 ver ma teſte,
Aprens moy le ſecret de parer la tem-
 peſte,
Qui pour les chatimens, que j'ay bien
 merité
Grondent ſur mon audace, & ma temerité,
Connois tu bien enfin la grandeur de
 ton crimé
Plus ton deſſein eſt grand, moins il
 eſt legitime,
Et les Roys & les Dieux en de tels
 attentats
N'ont point pour le punir de foudres
 ny de brás.
Mais il ne répond rien ; cet aveugle
 s'obſtine,
Et court au precipice, ou ſon ſort le
 deſtine
D'un langage muet, il parle toutefois
Et me dit qu'il eſt maiſtre & des Dieux & des Roys,
Que leur cœur á ſes traits n'eſt pas
 impenetrable,

Qu'on peut aimer par tout sans se rendre coupable,
Que son flambeau s'allume,& s'eteint
en tout lieu,
Et qu'on ne peut errer souz les ordres
d'un Dieu,
Qu'un cœur par cette audace, ac-
quiert beaucoup d'estime
Qu'il faut de la vertu pour connoistre
un tel crime,
Il punira son crime en le mettant au
jour
Mais quoy si le respect est maistre de
l'amour,
Je souffriray les maux d'une peine e-
ternelle
Pour n'oser decouvrir ma flamme cri-
minelle,
Trop injustes tirans je veux vous contenter,
Cessez, cessez tous deux de me perse-
cuter.
Il faut parler amour, respect il faut
vous taire,
Je n'oserois parler, mais je ne puis me
taire,   Amour

Amour je parleray , mais pour ton
    châtiment
Je diray ton audace aux rochers feule-
    ment,
Les boys de mes ennuys fidelles Se-
    cretaires
Seront de mes defirs les feuls depofi-
    taires,
Ces tefmoins innocens d'un amour fi
    conftant
Garderont á jamais ce fecret impor-
    tant.
Refpect je me tais donc, la beauté que
    j'adore
Ne fçaura jamais rien de ce qui me
    devore,
Un filence obftiné dans le fond de
    mon cœur
Renfermera mon crime avec ma dou-
    leur,
D'une chaifne puiffante , eternelle &
    cachée
Il y tiendra ma peine á ma flamme at-
    tachée,
Et je feray puny de ma temerité.

C 6.   Dans

Dans la meme prison, ou j'ay trop at-
    tenté,
Impetueux transports de ma flame in-
    discrete,
Je veux vous immoler á ma peine se-
    crete,
Esclaves insolens, qui voulez me tra-
    hir
J'ay trouvé le secret de me faire obeir,
Si souffrir de l'amour est un parfait in-
    dice
Vous en ferez pour moy l'eternel sa-
    crifice,
Vous brulerez tousjours pour cet ob-
    jet charmant,
Mais vous n'aurez jamais aucun sou-
    lagement,
Brulez secrets desirs de mon cœur qui
    souspire,
Mais brulez sans espoir, & souffrez
    sans le dire,
Dure fatalité, funeste aveuglement,
Mais douleurs volontaires, agreable
    tourment,
Tyranniques souhaits, plaisirs imagi-
    naires   Qui

Qui cachéz de vrais maux souz la douleur chimere,
Que voules vous de moy ? Je vay Iris
sans voir,
Contre vos faux apas je n'ay point de
pouvoir,
De vos charmes trompeurs mon ame
est possedée,
Le bien que vous m'offrez n'est qu'un
bien en Idée,
Je desire un bonheur, que je n'ose es-
perer,
Je voy mes vains desirs sans cesser d'
aspirer,
Je suy ce qui me fuit par une ardeur fa-
tale,
Et l'ardeur qui me brule, est l'ardeur
de Tantale,
De vos illusiers je suis tout obsedé.
Mais je n'ay point failly, pour leur a-
voir cedé,
l' Objet que j'idolatre est un Tiran
Auguste,
Son empire est cruel, mais son pouvoir est juste,

Si

Si le joug qu'elle impose m'est facheux á porter,

C'est un joug couronné, que je doy
respecter,

Mon cœur doit adorer la cause de mes
peines,

Rien sans impieté ne peut briser mes
chaisnes,

La gloire de mourir dans dans si no-
bles fers

Vaut mieux que le bonheur de regir
l'univers,

Je souffre avec excez, mais je souffre
sans honte

Pour grand que soit mon mal, ma
gloire le surmonte.

Ce que mon cœur me dit est un noble
attentat,

Et j'aurois moins osé pour un Crime
d'estat,

S'il faut que la douleur ou le destin
m'accable

Je veux perir du moins sans en estre
coupable,

Le peril que je cours ne sçauroit me
troubler,   La

La foudre tombera sans me faire
    trembler,
En moy de Phaëton le sort se renou-
    velle,
Mais enfin mon audace est plus fiere
    & plus belle,
Cet illustre imprudent, ce noble au-
    dacieux
Porta par tout le feu du grand flam-
    beau des cieux
Mais j'ay mis dans mon cœur d'une
    ardeur sans seconde
Un flambeau plus brillant, que le
    flambeau du monde,
Il se perdit luy meme en brulant l'u-
    nivers.
Je brule tout seul, & moy seul je me
    perds,
Chacun vit les effects de son malheur
    extreme,
Mais pour temoin du mien, je n'ay
    rien que moy méme,
Il fut aux yeux de tous l'ennemy de
    son bien,
Et je suis mon bourreau sans qu'on en
    sçache rien,   Fidel

Fidel á me trahir, & conſtant á me
    nuire
Je nouris dans mon cœur ce qui me
    veut détruire,
Je cheris l'ennemy qui doit m'oſter
    le jour,
Et le reſpect me tue en depit de l'a-
    mour,
Beauté dont le pouvoir tirannique &
    ſupreme
Me fait ſouffrir un mal qu'elle ignoré
    elle méme,
Tois qui forçois mon cœur á vivre
    ſouz ta loy
En Eſclave inconnu ſans ſe plaindre
    de toy,
Si jamais de mon mal l'extreme vio-
    lence
Me contraint par mes yeux á rompre
    mon ſilence,
Si les meroirs trompeurs de ce zele
    indiſcret
Oſent malgré mes ſoins decouvrir
    mon ſecret,
Ne punis pas mon cœur d'un avis ſi
    ſincere,   C'eſt

C'eſt un crime des yeux qui n'eſt pas
    volontaire.
Si eux feront du mal, ne peut tomber
    ſur luy,
On n'eſt pas criminel par faute d'au-
    try,
Il a trop de reſpeƈt peur parler & ſe
    plaindre,
Il ſe connoit trop bien pour ne pas ſe
    contraindre,
Le ſilence le rend juſques au monu-
    ment
De ſa temerité l'eternel chatiment,
Et que la gloire meſme accompagne
    au tombeau
Celuy qui peut mourir pour un crime
    ſi beau,
Auſſy dans la douleur dont mon ame
    eſt atteinte
La foureur de la mort me donne peu
    de crainte,
Ce n'eſt pas la le mal qui trouble ma
    raiſon,
Mon coeur eſt attaqué par un ſecret
    poiſon,

Que

Que je ne puis cacher fans me perdre
    moy méme,
J'aime & n'ofe le dire á la beauté que
    j'aime,
L'amour & le refpect combattent
    dans mon cœur,
Le vaincu me peut nuire autant que
    le vainqueur,
Chacun de ce combat veut remporter
    la gloire,
Mais je crains la défaite autant que la
    victoire,
L'amour pouffe des vœux qu'il ne
    peut révoquer,
Le refpect le retient, quand il veut
    s'expliquer,
L'un aux terreurs de l'autre oppofe
    fon audace,
L'un eft armé de feux, & l'autre l'eft
    de glace,
L'un ne fouhaite rien, l'autre a mille
    defirs,
L'un prevoit des tourmens, & l'autre
    des plaifirs,
L'un ne peut rien ofer, l'autre n'ofe
    rien.

rien craindre,
L'un s'obstine au silence, & l'autre
veut se plaindre,
L'un cherche á se cacher, l'autre á
estre connû,
L'un est trop emporté, l'autre trop
retenu,
Mille secrets transports d'une ardeur
violente
Font contre les respects une guerre
sanglante,
Mille soupirs d'amour cruellement
génez
Sont augré du respect dans mon
cœur enchainez,
Si l'amour au respect fait quelque vio-
lence,
Tout le ciel va tourner contre son in-
solence.

F I N.

M A-

MADRIGAL.

IL faut pendre Fouquet, j'en de-
  meure d'Accord,
Il a trop abusé (Sire, de vos Finances,
Mais si l'on pend tous ceux qui meri-
  tent la mort
  Il va bien couter en Potences,
Cependant tous les fonds sont desia
  destinez
Et quand le Charpentier en aura fait
  l'avance
  Sire, si vous ne l'ordonnez
Colbert ne passera jamais cette de-
  pense.

LE
JEU DES DEZ.
OU LA
RAFLE DE LA COUR.

Le Roy.

LA Primauté emporte tout.

La

La Reyne.

A moy les dez je vay faire un bon coup.

Monſr. d'Orleans.

J'ay joué a depéche Compagnon.

Monſr. de Vandôme.

J'ay toujours craint raſle de trois.

Monſr. de Mercœur.

Je veux joüer maintenant, perſonne n'empéchera mon jeu.

Mr. le Cardal Mazarin.

J'ay tout gaigné juſqu'a preſent j'ay fait raſle de quattre,

Monſr. de Beaufort.

Si je pouvois faire un point de plus en raſle, mon jeu ſeroit plus beau que le vôtre.

Monſr. le Coadjuteur.

Si je n'uſſe menagé mon jeû, j'aurois perdu juſqu'a ma croſſe.

Monſr. de Bruxelles.

Ceux qui penſoient joüer a la raſle contre moy, je les feray joüer a l'oiſon.

Le Prince de Condé.

Toute ma chance est tournéé.

Mr. de Longueville.

Voulant piper j'ay été pris sur le
fait.

Monsr. le Prince de Conty.

Nous sommes a deux de jeu.

Monsr. Perrot Président.

Jay perdu partout, on a fait raffle de
dix huit sur nôtre jeu.

Le Marechal de Grammont.

La rafle me deplait le jeu de 7 & bem
me seroit plus agreable.

l'Abbé de la Riviere.

Tout le monde croit que je triche.

Madame d'Orleans.

Monsr. a toujours perdu, mais main-
nant il a beau jeu.

Mademoiselle.

Il y a long tems que j'attens un bon
hasard.

Madame de Chevreuse.

Je conseille mieux que je ne joüe.

Ma-

Madame de Montbazon.

La piece que je mets toujours me fait
gaigner.

Monſr, d'Harcour.

Je m'en vay, je gaigneray plus en
Normandie, qu'a Paris,

*Meſſrs de Bouillon, de Turenne
& de la Monſcaye.*

Nous aſpirons tous a une bonne rafle,
mais on nous contraint de paſſer.

Monſr le Chancelier.

Je m'entretiens toujours, dans le
hazard du jeu.

Monſr. d'Auan.

Tandis qu'on ramaſſe le jeu, jene
perds point au tems.

*Monſr. de Chateau neuf, garde
des eaues.*

Il y a long tems je regarde joüer.

Monſr. Molé premr Preſident.

J'aurois plus gaigné de joüer le franc
jeu, la tricherie revient toujours a
ſon maitre.

Monſr.

Monſ. démery *Surintendant.*
Je me devois tenir a mon gain je me
  repens d'avoir rentré au jeu.
Monſ. d' *Aligre* Con^{er} *d'état.*
Ma chance n'a guere duré.
  Monſ. Tubœuf *Intendant.*
Je me tiens de joüer car il y a fort peu
  de choſe au jeu.

PRIMERA GIOCCO

POLITICO di CORTE.

PAPA.

SE ben Cattivo é il giocco non
pamiro che poſſo ſtar' in piedi
con un ſcarto.

Jay mauvais jeu, je ne m'en va pas
  puiſque je puy demeurer ferme en
  feſant un écart.

IMPERATORE.

Mi trouo tantó in queſto Giocco
im-

merſo que ſe non vien un fluſſo gia
ſon perſo.

Jay ſi mauvais jeu. qu'a moins d'un
flux jay déia perdu.

FRANCIA.

Non puo Reüſcir, queſto Giocco in
vano tengo Cinquante cinque e piu
la mano.

Mon jeu ne peut reüſſir en vain puis
que jay 55. & de plus la main.

SPAGNA.

Vorei che andaſſe a morte queſto
Giocco. Vinſegnarei a gioccare pocò a pocò.

Je voudrois que ce jeu fût perdu & je
vous enſeignerois a joüer peu a
peu.

INGLITERRA.

In queſto giocco Altro cy vuole che
bracie.　　　　D　　　　Gran

Gran spavento mi dan due figura-
cie.

En ce jeu il me faut des embraſſades
Grande epouvente me donnent deux
figures.

PORTOGALLO.

Ah Come voglio far il bel humore
Se n'ella Carta trovo il Ré da fiore.

Ah que je ſerois de belle humeur &
brave,
Si dans mes cartes le Roy de Treffle
je trouve.

TURCO.

A che Tantò aſpetar finiamo la
preſto ad honor di Maometto vada
il reſto.

Qu'eſt ce que nous attendons, ache-
vons
A l'honneur de Mahommet le reſte
faiſons.

GE-

GENOUA.

Al trenta none in man può venir
  laſſo
Pur meglio è il retirrarſy & dar
  il paſſo.

Au trente neuf en main peut venir l'as
Pour tant il vaut mieux le retirer &
  donner le pas.

LUQUES.

Il vincer pur achi ſi voglia cada
Che noi ſolo vi ſiame per il vada.

Gaigne qui voudra, que nous ſeuls
ſommes pour le vado.

GRANDUCA.

Miſchiate pur quanto vi per le
  Carte
Del mio giocar non ſcorgerete l'ar-
  te.

Mélés les cartes, tant que vous vou-
  drez

                L'ar-

L'artifice de mon jeu, vous ne con-
noiſtrez.

HOLLANDE.

Se l'arle noi ſapiamo Lodica Spa-
gna
Ché del noſtro Gio car amor ſi la-
gna.
Dis l'Eſpagne ſi nous ſavons le jeu
Puiſque de nôtre façon de joüer
Elle ſe plaint en tous lieux.

SAVOYE.

Giocci par chi vule ognuna ſua
poſta.
Che troppo carra la Francia mi
coſta.
Joüe qui voudra chacun a la volonté
Car trop cher la France me coûte.

VENETIA.

Se pur del giocco ancor io man-
quiar

quiar l'arte
Ma pero non ſecondano la carte.
L'art du jeu je ſaurois bien
Mais le cartes me ſecondent en rien.

MANTOUA.

Dal Fluſſo ſe mi ſalvo, aſſai
Una ſol carta aſpetto, & non me
　　vien mai.
Si je me ſauve du flux, je fais aſſez.
Une ſeule carte j'attens, elle ne vient
　　jamais.

PARMA.

Laſcia mi Giocar poter del dio
Giocco l'altrui por aquiſtar il mio.
Par la puiſſance de Dieu laiſſez moy
　　joüer.
Je joue l'autruy, pour le mien rega-
　　gner.

MODENA.

Piana al gioccar non vorrei gia far
fallo
　　　　　　　　　　Che

Che farrei ferto un latin a Caval-
le.

Tout beau en joüant, faute je ne voudrois faire,
Car a cheval le latin reciter on me fe-
roit.

MILLANO.

*Non voglio in questo giocco esser
Rotto.*

*Da toutti i giaccatori mi facio
Sotto.*

Je ne veux estre dans mon jeu rompu
Car de tous les joüeurs je serois abat-
tu.

SUETIA.

*Un sette, un cinq, & un asso, o un
sei di Cuore*

*Se non l'importa e un fusso Mag-
giore.*

Un Sept, un Cinq, & un as ou un six
de Cœur
Si l'on n'egale est un grand flux.

FIN.